FROM LOST TO THE RIVER

De perdidos al río

Ignacio Ochoa y Federico López Socasau
(Güester & Cólin)

FROM LOST TO THE RIVER

De perdidos al río

temas de hoy.

Primera edición: marzo de 2000
Segunda edición: marzo de 2000
Tercera edición: mayo de 2000
Cuarta edición: noviembre de 2000
Quinta edición: abril de 2001
Sexta edición: diciembre de 2001
Séptima edición: noviembre de 2002

Paseo de Recoletos, 4. 28001 Madrid
www.temasdehoy.es
Diseño de cubierta: Pedro Castillo
Ilustraciones de interior: Pablo Blasberg
ISBN: 84-8460-000-9
Depósito legal: M-45.250-2002
Compuesto en J. A. Diseño Editorial, S. L.
Impreso en: Lavel, S. A.
Printed in Spain–Impreso en España

Dedicado a Myriam,
que también habla otro idioma.

INTRODUCCIÓN
La más sutil de las venganzas

Reconózcalo. A estas alturas es mejor abandonar. Se ha gastado una fortuna en academias de inglés sin conseguir aprenderlo. Ha ahorrado cada año para poder pagar cursos intensivos tipo «E*nglish for idiots*» durante lluviosos veranos en pueblecitos al sur de Inglaterra (al norte es todavía peor). No hay curso de inglés por correspondencia que no se amontone en los cajones o librerías de su casa. Y nada.

Su falta de dominio del inglés le ha impedido ligar con suecas, noruegas, danesas, holandesas, alemanas, austrialianas y kenianas, mientras que otros u otras, gracias a esa lengüecita, le mortifican con sus aventuras.

A pesar de todos los esfuerzos, su incomprensible torpeza para manejarse en el idioma de su graciosa majestad le ha arrebatado importantes oportunidades profesionales. Como, por ejemplo, viajar con su jefe a Nueva York para asistir a un seminario de «Incentivación de mandos intermedios dentro del entorno macroeconómico urbano de la franquicia de hamburgueserías». Lo cual era un planazo.

Y, para colmo, su timidez para chapurrear lo poco que sabe, hace que siempre se quede fuera cada vez que Mr. Jones o Miss Purdy visitan su oficina y hay que llevarles al restaurante de moda. Esto es triste.

Pero lo peor es no poder tirarse el farol de haber visto siete veces *Casablanca* en versión original, ni demostrar que se sabe con soltura la letra del *Only you* ni, por supuesto, presumir leyendo el *Business Week* en la sala de espera del puente aéreo. No sabe cómo le entendemos.

Por eso, diga con nosotros «*from lost to the river*», si no puede unirse a ellos, vénzalos.

Como aseguran esos libros, casi mágicos, que contienen todas las respuestas acerca de cómo triunfar en la vida y progresar en su empresa en tan sólo 8 semanas, mientras además se liga a su secretaria o a su jefe, la solución está en sus manos.

From lost to the river contiene la más rancia jerga castellana traducida a un inglés de alta escuela victoriana. Una mezcla explosiva, oiga.

A partir de aquí, le garantizamos efectos demoledores.

A saber:

- Usted puede dirigirse en inglés a cualquier británico o yanqui, incluida la CIA y el MI5 con la certeza de que van a entender todas las palabras, pero no la frase. Maquiavélico.
- Vacile con soltura ante los pelmazos de sus amigos o amigas que tanto inglés dicen que saben. Hábleles en castellano con palabras inglesas. Desestabilizante.

- Busque personas que aborrezcan el inglés, como usted, regáleles el libro (lo cual nos viene muy bien) y disfrute comprobando todo lo que se pierden los angloparlantes que no hablan español. Altamente vengativo.
- Suelte, disimuladamente, cuatro o cinco copias del *From lost*... en Gibraltar y espere a ver los efectos. Contraespionaje de vanguardia.

Comprendemos que, con una fórmula como ésta, pueden caer el Imperio, la «*Comanguelz*» y poner en jaque al Pentágono. O sea, que tampoco se pase con la dosis. O, mejor, haga lo que quiera y disfrute.

Güester y Cólin.

INSTRUCCIONES PARA SU CORRECTA UTILIZACIÓN

1.ª Nunca se fíe del orden alfabético. No es correcto. Nada es correcto.

2.ª No se sorprenda si ve algún término repetido. Simplemente no se sorprenda.

3.ª No lea nunca más de tres páginas seguidas. Puede crear adicción. Y le durará más.

4.ª No intente memorizar más de una frase al día. Acuérdese de lo que le pasaba cuando estudiaba inglés.

5.ª Siga fielmente las instrucciones de pronunciación, no se fíe de la suya.

A

- Aquí mi Santa

Here my Saint
(jier mai seint).
Dígalo cuando presenta a su mujer y verá la galleta que recibe.

- Aquí la parienta

Here the relative
(jier de relativ).
Bonita y práctica donde las haya.

- Aquí un conocimiento

Here one knowledge
(jier uan noulech).
Demuestre su culturón.

- A caer de un burro

To fall from a donkey
(tu fol from a donqui).
Y me puso a caer de un burro.
And he put me to fall from a donkey
(and ji put mi tu fol from ei donki).

Cosa normal, cada vez que usted se da la vuelta. ¿No lo sabía?

- A lo hecho, pecho — **To the made, chest** (tu de meid, chest). Alternativa: *Chest to the made*. Muy bonita, muy creativa, altamente elegante y locuaz.

A la sopa boba — **To the silly soup** (tu de sili sup).
Mis hijos, ya sabes, a la sopa boba.
My sons, you know, to the silly soup
(mai sons, yu nou, tu de sili sup).

- A cada cerdo le llega su San Martín — **Saint Martin comes for every pig** (Seint Martin coms for evri peg). *Saint Martin in the fields*, de gran evocación para los ingleses.

- ¡A buenas horas mangas verdes! — **To good hours green sleeves!** (tu gud auors grin slivs).

Esto hay que decirlo, como en castellano, un pelín cabreao.

- ¡A freír espárragos! **To fry asparagus!** (tu frai esparagos!). N*o fast food*.

- ¡A freír monas! **To fry female monkeys!** (tu frai fimeil monkis!). ¡Vete a freír monas! **Go to fry female monkeys!** (gou tu frai fimeil monquis!). No emplear nunca ante miembros de la asociación protectora de animales británica. Ya sabe lo finos que son.

- A todo trapo **To full rag** (tu ful rag).

- A toda leche **To full milk** (tu ful melk).

- A toda castaña **To full chestnut** (tu ful chestnot).

- A toda pastilla **To full tablet** (tu ful tablet).

• A mala leche	**On bad milk** (on bad melk).
• A mala uva	**On bad grape** (on bad greip). Lo hizo a mala uva. **He did it on bad grape** (ji did it on bad greip). Greip, ¡como el mosto!
• A caballo regalado no le mires el diente	**If they give you a horse don't look his tooth** (if dei guiv yu ei jors dont luc jis tuz). Para decir esta larga frase en impecable inglés se necesitan largas horas de práctica. Si tarda más de dos en conseguirlo, abandone. No vale la pena.
Abrirse	**To open yourself** (tu open yorself). Bueno, me abro. **Good, I'm going to open myself** (gud, ai am gouin tu oupen maiself).
• Agarrar un pedo	**To get a fart**

(tu guet ei fart).
Ver: coger.

• Agarrar una castaña **To get a chestnut**
(tu guet a chestnot).
Ver: coger.

• Agarrar un pedal **To get a pedal**
(tu guet a pedal).
Ver: coger.

• Ahorrarse el chocolate del loro **To save the parrot's chocolate**
(tu seiv de parrots chocoleit).
Importante no confundir *save* con *shave* ya que, de ser así, estaría usted indicando que quiere o que va a «afeitar el chocolate del loro».

• ¡Allá películas! **Over there films!**
(ouver der films!).
Esto se debe decir en USA, refiriéndose a *Jólivu*, Los Ángeles (California).

• A mí plin **To me plin**
(tu mi plin).
Sencilla y práctica.

• Andar con pies de plomo	**To walk with lead feet** (tu guolk güiz led fit). Ésta es difícil, pero descriptiva. Hay que decirla con mucha naturalidad, como en casos así: **You better walk with lead feet** (yu beta guolk güiz led fit). Siempre puede añadir al final «Morgan». Queda muy distinguido.
• ¡Anda ya!	**Walk now!** (guolk nao!). ¡Vamos anda! **Come on walk!** Pronúnciese así: Comonguolk!, tóojunto.
• Ande yo caliente y ríase la gente	**Let me walk hot and let the people laugh** (let mi guolk jot and let de pipol lof). «'pecable», redonda. Muy invernal.
• Armar la gorda	**To arm the fat one** (tu arm de fat uan).

Aquí hay gato encerrado **Here is a locked up cat**

• Aquí paz y después gloria	**Here peace and after glory** (jía pis and afta glori). Muy importante pronunciar «pis» de forma líquida.
• Aquí hay gato encerrado	**Here is a locked up cat** (jía is a loct ap cat). Si encuentra una sílaba de más avise.
• Aquí viene el tío Paco con las rebajas	**Here comes uncle Frank with the sales** (jía cams oncl Frank güiz de seils). Ésta es larga, lo sabemos. Y difícil, lo sabemos, pero, inténtelo, ¡hombre de Dios! (*man of God*!). Plis.
• Aquí me las den todas	**Here they give me all** (jía dei guiv mi ol). Ésta sirve muy bien para consolidar gobiernos.

Armar un cirio	**To arm a big candle**
	(tu arm a big candel).

• Así te luce el pelo	**So your hair looks** (sou yor jer lucs). *Ruphert... I need you*!

• Azotea

Penthouse
(pentjaus).
Tiene mal la azotea.
He's got a bad penthouse
(jis got a bad pentjaus).
Por cierto, nunca triunfaría en España una revista de chavalas que se llamara *Azotea* aunque lo pronunciáramos «Asotea».

B

• Batir el cobre

To beat the copper
(tu bit de coppa).
Ésta es realmente mala, pero sirve para darse cuenta de lo geniales que son las otras.

• Borde

Edge
(etch).
Ese tronco es un borde.
That trunk is one edge
(dat tronc is uan etch).

• Borrón y cuenta nueva

Blot and new account
(blot and niú acaunt).
Que es lo mismo que decir:

«aquí no ha pasao na».
Very typical spanish.
Very typical spanish
government as well,
Manuel.
Gracias.

Braguetazo	A coup de fly
	(a cup de flai). Nótese el elegante amaneramiento francés en ese *coup de*: golpe de. Es decir, «golpe de bragueta». ¡Qué distinción!

- Buscar tres pies al gato

Look for three feet in the cat
(luc for zri fit in de cat).
Enrevesada donde las haya.
Pa'no ponerla, vamos.

- Buscar las vueltas

Look for the turns
(luc for de terns).
No me busques las vueltas.
Don't look for my turns
(dont luc for mai terns).
Tonito amenazante siempre, ¿eh?

• Buzón

Mailbox
(meilbox).
Cierra el buzón.
Close de mailbox
(clous de meilbox).
Muy útil, sobre todo con la «madre en ley».

C

• Caballo grande, ande o no ande

Big horse walk or no walk
(big jors guolk or nou guolk).
Very typical american.
(Veri típical Jon Vaine.)

• Cacao

Cocoa
(coucou).
Y armaron un buen cacao.
And they put together a good cocoa
(and dei put tugueder ei gud coucou).

• Cada oveja con su pareja

Each sheep with its pair
(ich ship güiz its per).
Especialmente en Nueva Zelanda. Si va por allí dígalo con afecto y sencillez. Será un éxito.

- Cada mochuelo a su olivo — **Each little owl to its olive tree** (ich litel oul tu its oliv tri). Realmente difícil, si consigue memorizar ésta, es usted un monstruo (yu ar a monster, mai frend!).

- Cada loco con su tema — **Each fool with his theme** (ich ful güiz jis zim).

Caer el gordo	To fall the fat one
	(tu fol de fat uan). El gordo cayó en Manchester (por ejemplo). **The fat one fell in Manchester** (de fat uan fel in Manchesta). ¿Hay lotería en Manchester?

- Caer gordo — **To fall fat**
(tu fol fat).
Me cae gordo.
He falls me fat
(ji fols mi fat).
Me cayó el gordo.
I got the fat one
(ai got de fat uan).
¡Envidia me da!

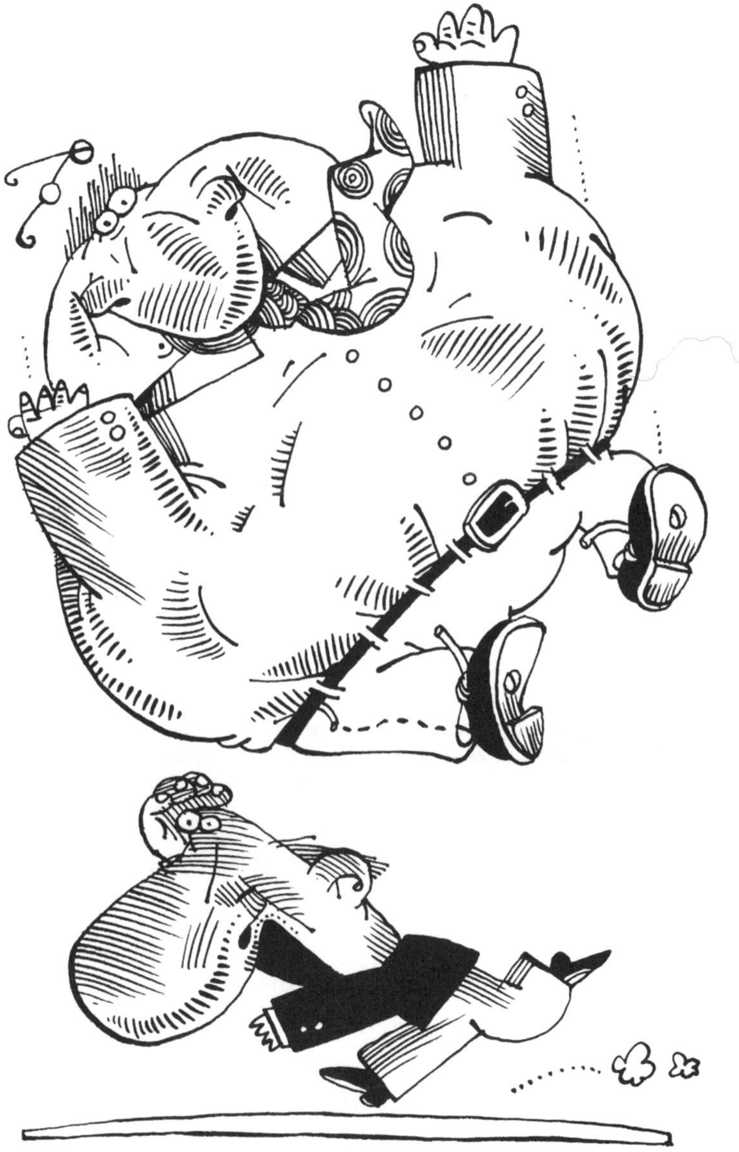

Caer gordo **To fall fat**

Olvídese del inglés y búsquese un intérprete.

- Calderilla

Little boiler
(litel boila).
Sólo tengo calderilla.
I only have little boiler
(ai ounli jav litel boila).
¡Qué frase tan realista!

- Cambiar el agua al canario

To change the canary's water
(tu cheinch de canaris guata).
Dígalo en un pub después de atizarse cinco pintas de cerveza. Todos admirarán su fluidez.

Casarse de penalty **To marry of penalty**
(tu marri of pénalti).
Se pronuncia pénalti, fíjese bien, no penálti como en el fútbol.

- Catalina

Catherine
(Cacerin).
Acabo de pisar una catalina.
I've just stepped on a catherine

(aiv yost estep
on ei cacerin).
¡Mala suerte, amigo!

- Cepillarse a alguien **To brush somebody**
(tu brosh soumbori).
En los dos sentidos:
el criminal y el que ya
entiende usted.

- Coco **Coconut**
(couconot).
Tiene mucho coco.
He has a lot of coconut
(ji jas a lot of couconot).
En «tóo» el coco.
In all the coconut
(in ol de couconot).

- Coger una mierda **To get a shit**
(tu guet ei shit).
Ver: agarrar.

- Coger una mona **To get a female monkey**
(tu guet ei fimeil monqui).
Ver: agarrar.

- Coger una tea **To get a torch**
(tu guet a torch).
Ver: agarrar.

- Coger una merluza

To get a hake
(tu get a jeik).
Ver: agarrar.
Coger una merluza en un buen caladero del norte.
To get a hake in a good northern fish bank
(tu get a jeik in a gud norzern fish bank).
Dígalo estando trompa.

- Coger o llevar un melocotón

To get (or carry) a peach
(tu get [or carri] a pich).
Esta frase viene muy bien cuando se toma licor de melocotón.
Regardez la gilipolluá.

- Coger una mierda como un piano de cola

To get a shit like a grand piano
(tu get a shit laik a grand piano).
Ésta es realmente cinematográfica, de buena que es.

- Columpiarse

To swing
(tu suing).
Macho, no te columpies.
Male, don't swing yourself
(meil, dont suing yorself).

• Colega	**Colleague** (cólig). ¡Passa colega! **Pass colleague!** (pass cólig!). Colegui-coleguilla. **Little colleague** (litel cólig). Colegota. **Big colleague** (big cólig). Obviamente.
Comerse el tarro	**To eat your pot** (tu it yor pot). Deja de comerte el tarro. **Stop eating your pot** (estop itin yor pot) Muy gráfico, sí señor (veri gráfic, yes ser).
• Comerse una rosca	**To eat a doughnut** (tu it a dounot). Versión juvenil: **To eat a doughnut.** Comerse un donut.
• Comerse un «saci»	**To eat a cough sweet** (tu it ei cof suit). No existen los caramelos

para la tos «saci» en inglés. Lo cual demuestra su falta de sofisticación. Una pena.

- Como anillo al dedo — **Like ring to finger** (laik ring tu finga).

- Comerse un colín — **To eat a bread stick** (tu it a bred estic).

- Como los chorros del oro — **Like gold jets** (laik gould yets). Si le añade un acentillo andaluz, mejor.

- Como oro en paño — **Like gold in cloth** (laik gould in clouz).

- Como uña y carne — **Like nail and flesh** (laik neil and flesh).

- Como un huevo a una castaña — **Like an egg to a chestnut** (laik an eg tu a chestnot). Se parece a su padre como... **She looks like her father like...** (shi lucs laik jer fadar laik...).

- Con toda la pesca — **With all the fishing**

(güiz ol de fishin).
Se cayó con toda la pesca.
He fell down with all the fishing
(ji fel daun güiz ol de fishing).

- Costar un Congo — **To cost one Congo**
(tu cost uan Congo).
Que se lo digan a los belgas.

- Costar un huevo — **To cost an egg**
(tu cost an eg).
Que se lo digan a las gallinas.

- Costar un huevo y parte del otro — **To cost an egg and part of the other one**
(tu cost an eg and part of di oder uan).
Con naturalidad y sin levantar la voz, queda redonda.

- Costar un riñón — **To cost a kidney**
(tu cost a quidni).
No se sabe qué es peor, si un *eg* o un *quidni*.

- Contigo pan y cebolla — **With you bread and onion**
(güiz yu bred and onion).
Dígaselo a la chica de sus

sueños en ese inglés suelto y desenfadado que le caracteriza y ella caerá en sus brazos llena de admiración, si no vomita antes.

- Cuando seas padre comerás dos huevos — **When you are a father you will eat two eggs**
(güen yu ar a fádar yu güill it tu egs).
Pelín tercermundista, pero verdad.

Cuartos	Quarters
	(cuartars). Sólo le importan los cuartos. **He only cares about the quarters** (ji onli quers abaut da cuartars).

- Chapa — **Cap**
(cap).
No tengo ni chapa:
I don't even have a cap
(ai dont iven jav a cap).
¡Bienvenido a bordo!

- Chapar — **To plate**

(tu pleit).
Está chapando todo el día.
He spends the whole day plating
(ji espends de joul dei pleiting).
Hay pocos ejemplares de este tipo en España. En GB, menos.

• Chorizo

Salami
(salami).
Este tío es un chorizo.
This uncle is a salami
(dis oncol is a salami).
Este país está lleno de chorizos.
This country is full of salamies
(dis countri is ful of salamis).

• Chupa del frasco

Suck from the flask
(soc from de flasc).
Siempre puede añadir «Carrasco» al final, pero fíjese, pronunciado «Carascou». La pronunciación siempre muy importante, ya sabe ¿eh?, siempre muy importante. ¡Hala! majete.

• Chupar banquillo

Suck bench
(soc bench).
Anelka chupa mucho banquillo.
Anelka sucks a lot of bench
(Anilka socs à lot of bench).
¡Quién lo iba a decir!

D

• Dar calabazas

To give pumpkins
(tu guiv pompkins).

• Dar gato por liebre

To give cat for hare
(tu guiv cat for jer).
Eso era antes, ahora dan otras cosas.

• Dar por saco

To give by sack
(tu guiv bai sac).
Y le dieron por saco.
And they gave him by sack
(and dei gueiv jim bai sac).

• Dar boleto

To give the ticket
(tu guiv de tiquet).

• Dar caña

To give cane

Dar leña al mono **To give firewood to the monkey**

(tu guiv kein).
Le dieron caña para aburrir.
They gave him cane to bore
(dei gueiv jim kein tu bor).

Dar la paliza	To give the beating
	(tu guiv de biting). No me des la paliza con eso. **Don't give me the beating with that** (dont guiv mi de biting güiz dat).

- Dar leña al mono — **To give firewood to the monkey** (tu guiv fairvud tu de monqui). ¡Ojo con la asociación protectora de animales británica!

- Darle al tarro — **To hit the pot** (tu jit de pot).

- Dar pasaporte — **To give passport** (tu guiv pasport).

- Darle un «patatús» — **To have a «patatus» attack** (tu jav ei patéitus atak). Aquí la pronunciación de «patatús» varía porque el inglés es impredecible.

- Darse el filete

To give yourself the tenderloin
(tu guiv yorself de tenderloin).
Nos dimos un filete.
We gave us one tenderloin
(güi geiv as uan tenderloin).

- Darse un voltio

To give yourself a volt
(tu guiv yorself ei volt).
Un voltio y medio.
A volt and half
(a volt and a jalf).
Si le gusta mucho andar.

- Darse el bote

To give yourself the can
(tu guiv yorself de can).
Bueno, me doy el bote.
Good, I'm gonna give myself the can
(gud, aim gona guiv maiself de can).
Versión junior:
Good, I'm gonna gimme the can
(gud, aim gona guimi de can).

- De pe a pa

From p to pa
(from pi tu pa).

Se lo sabe de pe a pa.
He knows it from p to pa
(ji nous it from pi to pa).

De bote en bote — **From can to can**
(from can tu can).
Estaba de bote en bote:
It was from can to can
(it güas from can tu can).
«'sea abarrotao».

- De mil pares de pelotas — **From a thousand pairs of balls**
(from ei zausan pers of bols).
Versión: De mil pares de narices.
From a thousand pairs of noses
(from ei zausan pers of nouses).
Mucho más fina la última.

- De perdidos al río — **From lost to the river**
(from lost tu de riva).
Frase inmensa e inigualable en este argot y que da título a este glosario.
«'presionante», «'nigualable».
Simplemente superior.

- Desplumar a alguien — **To pluck somebody** (tu ploc soumbori).
  Y me desplumó el tío.
  And the uncle plucked me (and de oncl plocd mi).

- Divertirse como un enano — **To enjoy like a midget** (tu enyoi laik a midyet).

- Después de cien años todos calvos — **After a hundred years everybody bald** (afta a jandred yiars evribadi bald).

- Dorar la píldora — **To plate the pill** (tu plait de pil).
  Se pasa el día dorándole la píldora al jefe, oye.
  He passes the day plating the pill to the boss, listen (ji pases de dei pleiting de pil tu de bos, lisen).
  Envidia currupia, diría yo.

- Dormir a pierna suelta — **To sleep loose leg** (tu eslip lus leg).

- Dormir la mona — **To sleep the female monkey** (tu eslip de fimeil monqui).

Con esto ya están más de acuerdo los de la asociación protectora de GB.

E

- ¡Echa el freno Madaleno!

Throw the brake Madaleno! (zrou de breik Madalinou!). Muy importante, como en otros casos, la correcta pronunciación de Madaleno: Ma-da-li-nou.

- Échale guindas al pavo

Throw cherries to the turkey (zrou cherris tu de terqui). Importante hacerlo antes de Navidad o de **Thanksgiving** (Zanksgivin) en USA. Los pavos lo agradecen mucho.

- Echando leches

Throwing milks (zrouin melks). Como «Fitipardi».

- Echando virutas

Throwing shavings

(zrouin sheivins).
Como «er Shumaque».

- Echando chispas — **Throwing sparks**
(zrouin sparks).
Como «er Grajan Jí».

- Echando melodías — **Throwing melodies**
(zrouin melodis).
Como «er Yaqui Estígua».

Edad del pavo — **Turkeys Age**
(torquis eich).
Nada que ver con la historia.

- El que quiera peces que se moje el culo — **If you want fish wet your ass**
(if yu guant fish güet yor ass).
Esto, hasta lo entienden.

- El que no llora no mama — **No cry no suck**
(no crai no soc).
Si pronuncia *soc* con mucha o, es todavía más divertido:
No llora, no calcetín. ¡Toma!

- El oro y el moro — **The gold and the moor**
(de gould and de muor).
De enorme tradición.
Muy evocadora.

- El año de maricastaña

  Marychestnut's year
  (merichestnots yiar).
  O sea, hace un porrón.

- El año de la nana

  Nanny's year
  (nanis yiar).
  Hace la tira.
  Makes the strip
  (meiks de strip).

- El hijo de mi madre

  My mother's son
  (mai moders son).
  Oui, c'est moi.

- El sobre

  The envelope
  (de enveloup).
  Me voy al sobre.
  I'm going to the envelope
  (ai am goin tu de enveloup).

- Embalao

  Packed
  (pact).
  Iba embalado, el tío.
  The uncle was going packed
  (di oncl guas goin pact).
  Véase la sutil diferencia entre «embalao» de bala y «embalao» de embalaje. Aquí usamos la de embalaje. Para despistar.

• Empanada mental	**Mental pie** (mental pai). Estado muy frecuente y generalizado.
En dos patadas	**In two kicks** (in tu quics). Lo hago en dos patadas. **I do it in two kicks** (ai du it in tu quics). Como Boby Charlton.
• En menos que canta un gallo	**In less than a cock sings** (in les dan a coc sings).
• En el quinto pino	**In the fifth pinetree** (in de fifz paintri).
• En el quinto infierno	**In the fifth hell** (in the fifz jel).
• En el quinto pimiento	**In the fifth pepper** (in de fifz pepa).
• Ensalada de tiros	**Shot salad** (shot salad). *Very typical cowboy.* *From the colonies, you know.*
• Entradas	**Entrances**

(entranses).
Tiene entradas.
He has entrances
(ji jas entranses).
Vamos, que se está quedando calvo (*Billiard ball* total).

- Entre col y col lechuga

Between cabbage and cabbage a lettuce
(bituin cabeich and cabeich a letus).
El día que sea usted capaz de decir ésta con naturalidad se consagra.

- Es más el ruido que las nueces

Is more the noise than the nuts
(is mor de nois dan de nots).

- Es la pera

Is the pear
(is de pear).

- Es la monda

Is the peeling
(is de pilin).

- Es un plomo

Is a lead
(is a led).

- Es un peñazo — **Is a big boulder** (is a big boulda). Aprender inglés es un peñazo. **Learning English is a big boulder** (lerning inglish is a big boulda).

- Estar molido — **To be ground** (tu bi graund). Estoy molido. **I'm ground** (aim graund).

- Estar más bueno que el pan — **To be better than bread** (tu bi beta dan bred).

- Estar hasta el moño — **To be up to the bun** (tu bi ap tu de bon). Estoy hasta el moño de... **I'm up to the bun of...** (aim ap tu de bon of...).

- Estoy hecho una braga — **I feel like panties** (ai fil laik pantis). ¡Qué mezcla tan agridulce!

- Estar como un cencerro — **To be like a cowbell** (tu bi laik a caobel).

- Estar como una regadera

To be like a sprinkler
(tu bi laik a espríncla).
Lo fácil que es decir «espríncla» y lo difícil que parece...

- Estar de mal café

To be of bad coffee
(tu bi of bad cofi).
Aquí se puede sustituir café, por leche (*milk*) que es más sano, pero de peor educación.

Estar macizo | **To be solid**
(tu bi solid).
¡Maciza!. *Solid*!
Expresión irrefrenable donde las haya.

- Estar al loro

To be to the parrot
(tu bi tu de parrot).
Está siempre al loro.
Is always to the parrot
(is olgüeis tu de parrot).
Estáte al loro.
Stay to the parrot
(estei tu de parrot).

- Estar cañón

To be cannon
(tu bi canon).

• Estar como un camión	**To be like a lorry** (tu bi laik a lorri). En América diga **truck** (troc) en lugar de **lorry** (lorri). ¿Por qué?, pues vaya usted a saber...
• Estar roto	**To be broken** (tu bi bróuquen). No confundir con *broke* eso es inglés perfecto y significa arruinado. En este caso usted está destrozao, hecho polvo, es decir, *broken*. (yu ar distroid, meid dost, es decir, bróuquen).
• Estar a por uvas	**To be for grapes** (tu bi for greips).
• Estar «tocao»	**To be touched** (tu bi tocht). A muchos les gustaría estar «tocao».
• Estar tieso	**To be stiff** (tu bi estif).

- Estar a dos velas — **To be at two candles** (tu bi at tu candels).

- Estar forrado — **To be lined** (tu bi laind).

- Estar en sus trece — **To be in your thirteen** (tu bi in yor zertín).

- Estar frito — **To be fried** (tu bi fraid).

Estar «p'allá» — **To be over there** (tu bi overdér).
El pobre está un pelín «p'allá».
The poor is a little hair over there
(de pur is a litel jer overdér).

- Estar con la mosca detrás de la oreja — **To be with the fly behind the ear** (tu bi güiz de flai bijaind de íar).

- Estar «mamao» — **To be sucked** (tu bi sockt).

- Estar sin blanca — **To be without white** (tu bi güizaut guait).

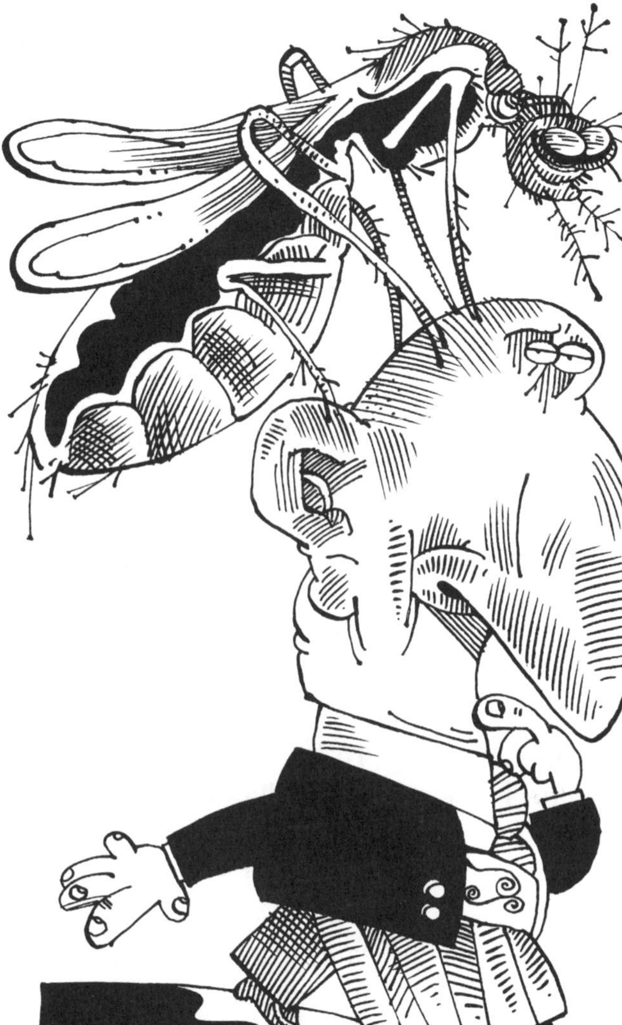

Estar con la mosca detrás de la oreja

To be with the fly behind the ear

- Estar más tieso que una escoba — **To be more stiff than a broom** (tu bi mor estif dan a brum).

- Estar como un pan — **To be like a bread** (tu bi laik a bred).

- Estar como un queso — **To be like a cheese** (tu bi laik a chis).

- Estar de Rodríguez — **To be of Mr. Smith** (tu bi of Mista Esmiz). Con enorme habilidad hemos variado el nombre familiar por su versión inglesa equivalente.

- Estar más zumbao que el pecho de un gorila — **To be more battered than a gorrilla's chest** (tu bi mor baterd dan a gorilas chest). Estado frecuente de los famosos exploradores ingleses en África.

- Estar como una cabra — **To be like a goat** (tu bi laik a gout).

- Estar pez — **To be fish**

(tu bi fish).
Es decir, «n'idea».

- Esto hay que mojarlo — **We have to wet this one** (güi jav to güet dis uan).

- Esto va a misa — **This goes to mass** (dis gous tu mas).

- Estoy mosqueao — **I'm full of flies** (am ful of flais). Suprema.

Estrecha	Narrow
	(narrou). Era muy estrecha y no se pudo hacer «na». **She was very narrow and there was nothing I could do** (shi güas veri narrou and der guas nozin ai cud du). Nada, eso es falta de experiencia.

F

- Flauta, prepararse o comerse una flauta — **Flute/prepare or eat a flute** (flut/priper or it a flut).

Excelso nombre de bocata donde los haya. Y déjese usted de sangüiches.

• Frío de bigote

Cold of moustache
(could of mustash).
Siempre tiene la alternativa de usar «pelotas» (*balls*).

G

• Galleta

Cookie
(cuqui).
Dar una galleta.
To give a cookie
(tu guiv a cuqui).
Sacudir una galleta.
To shake a cookie
(tu sheik a cuqui).

• Golfo

Gulf
(golf).
No seas golfo.
Don't be gulf
(dont bi golf).

• Goma

Rubber
(roba).

Frío de bigote **Cold of moustache**

• Gondolero

Gondolier
(goundolier).
Hacer un gondolero.
To make a gondolier
(tu meik a goundolier).
No todo el mundo sabe
lo que es un gondolero.
Do *you*?

Gorra — Cap

Ir de gorra.
To go by the cap
(tu gou bai de cap).
«Cienes y cienes» de gente
van así.

• Gorrón

Bigcap
(bigcap).
Tóojunto.

• Gritar como un descosido

To scream like a torn
(tu escrim laik a torn).
También puede usted
hablar (*talk*), gastar (*spend*)
y beber (*drink*)
como un descosido.
Pero no es recomendable.

• Guindar

To cherry
(tu cherri).

Y me guindó el boli.
And he cherried my ballpen
(and ji cherrid mai bolpen).
Alta escuela hay en esta frase.

- Gustarle el alpiste — **To like the bird seed**
(tu laik de berd sid).

H

- Habas contadas — **Numbered beans**
(nomberd bins).
Esto son habas contadas.
This are numbered beans
(dis ar nomberd bins).

- Hablar en plata — **To speak in silver**
(tu espic in silva).
Al pan, pan y al vino, vino.
To bread, bread and to wine, wine
(tu bred, bred and tu guain, guain).

- Hacer la pelota — **To make the ball**
(tu meik de bol).
Hacer la rosca.
To make the doughnut
(tu meik de dounot).

• Hacer el ganso	**To make the goose** (tu meik de gus). Éste es un ganso. **This is a goose** (dis is a gus).
• Hacer un «favor»	**To make a favour** (tu maik a feivor). No estamos hablando de cortesía, en este caso.
Hacer seda	**To make silk** (tu meik selk). Bueno, me voy a hacer seda. **Good, I'm going to make silk** (gud, aim going to meik selk).
• Hacer el avión	**To make the plane** (tu meik de plein).
• Hacer la carrera	**To make the race** (tu meik de reis).
• Hacerla un bombo	**To make her a drum** (tu meik jer a drom). Práctica cada vez en mayor desuso. Nos vamos a quedar solos.
• Hacerse el sueco	**To make the swedish** (tu meik de suedish).

• Huevos

Eggs
Con un par.
With a pair
(güiz a per).
Con dos.
With two
(güiz tu).
Con muchos.
With many
(güiz meni).
Con más que.
With more than
(güiz mor dan).
Y un...
And an...
(and an).
Como ve, hay muchas recetas.

I

• Ir de culo

To go bottom first
(tu gou bottom ferst).
To go ass first
(tu gou as ferst).
La peseta va de culo.
The peseta goes ass first
(di peseta gous ass ferst).

• Irse al cuerno	**To go to the horn** (tu gou tu de jorn).
• Irse a hacer gárgaras	**To go gargling** (tu gou gargling).
• Irse por los cerros de Úbeda	**To go by Ubeda's hills** (tu gou bay Ubedas jils). Bonito recorrido turístico.
• Irse al otro barrio	**To go to the other quarter** (tu gou tu di oder cuartar).

J

Jarabe de palo	**Stick syrup**
	(estic sirop). Muy mala receta. La peor.

• ¡Jo!	**Ho!** (jou!). Corto, preciso, seco. Un arma corta.
• ¡Joroba!	**Hump!** (jomp!). Un mazazo verbal. Auténtico.

Irse por los cerros de Úbeda **To go by Ubeda's hills**

• Jorobar	**To hump** (tu jomp). ¡No jorobes! **Don't hump!** (dont jomp!).

L

• La ocasión la pintan calva	**They paint the occasion bald** (dey peint de oqueishon bald).
• La alegría de la huerta	**The joy of the vegetable garden** (de yoi of de veyetabol garden). Mírale, la alegría de la huerta. **Look at him, the joy of the vegetable garden** (luc at jim, de yoi of de veyetabol garden). ¡Admirable!
• La movida	**The move** (de muv). Término a disecar.
• La dolorosa	**The painful** (de peinful).

La dolorosa **The painful**

Camarero, por favor, la dolorosa.
Waiter, the painful, pease
(güeita, de peinful plis).

• La ley de embudo	**The funnel's law** (de fonels lo). La ley del embudo, pa ti lo ancho y pa mí lo estrecho. **The funnel's law for you the wide and for me the narrow** (…for yu de guaid and for mi de narrou).
La cagamos	**We shit it** (güi shit it). La cagaste Burt Lancaster. **You shit it Melannie Griffith** (yu shit it Melani Grifit). Todo rima si uno lo domina.
• La cabra siempre tira al monte	**The goat always pulls to the mountain** (de gout olgüeis puls tu de mauntein).
• La húmeda	**The wet one** (de güet uan).

- La fila de los mancos — **The row of the one-handed** (de rou of de uanjanded). No confundir jamás *one-handed* con *one hundred*.

- Las cosas de palacio van despacio — **Palace things go slowly** (palas zings gou eslouli). Por ejemplo, el ascenso al trono de Prince Charles (Prins Chols).

- La marimorena — **The marysuntan** (de merisontan). Muy turística.

- Lata — **Tin**
  Esta tía es una lata.
  This auntie is a tin
  (dis ounti is a tin).

- Leche — **Milk**
  (melk).
  Le di una...
  I gave him a...
  (ai geiv jim a...)
  y una...
  and a milk
  (and a melk).

A toda...
To full...
(tu ful...).

Ligar	To tie
	(tu tai). Nos vamos a ligar. **We are going to tie** (gui ar goin tu tai). Déjelo, vaya al cine.

- Ligas menos que el chófer del Papa — **You tie less than the Pope's driver** (yu tai les dan de Poups draiva).

- Ligar bronce — **To pick up bronze** (tu pic ap brons).

- Limpio de polvo y paja — **Clean from dust and straw** (clin from dost and strou). Difícil, sí señor, pero en estos tiempos no es malo practicarla.

- Lo comido por lo servido — **The eaten for the served** (de iten for de servd).

- Llegar y besar el santo — **To arrive and kiss the saint** (tu arraiv and quis de seint). Ésta es genuina, nunca desmerece.

- Llevarse el gato al agua

To take the cat to the water
(tu teik de cat tu de güata).

M

- ¡Macho!

Male!
(meil!).
Vámonos, macho.
Let's go male
(lets gou meil).

- ¡Maestro!

Master!
(masta!).
Esto hay que decirlo con gran admiración, pero nunca humillados, porque entonces significa amo. Comentario un pelín pedante.

- Mal de muchos, consuelo de tontos

Bad of many, confort for the silly
(bad of meni confort for de seli).
Ésta puede que se la pillen,

aunque debido a su acento lo dudamos.
Para qué le vamos a engañar.

• Mala sangre

Bad blood
(bad blod).

• Mala uva

Bad grape
(bad greip).
El jefe está de mala uva.
The boss is of bad grape
(de bos is of bad greip).

Mala baba

Bad spittle
(bad espitl).
¡Qué mala baba tienes!
What a bad spittle you have!
(güat a bad espitl yu jav!).
¡Qué frase más fea!

• Mala pata

Bad leg
Desde luego tiene una mala pata el pobre.
From after he has such a bad leg the poor
(from afta ji jas soch ei bad leg de puar).
Domine ésta y dominará esta jerga.

• Maleta	**Suitcase** (sutqueis). ¡Qué maleta eres! **What a suitcase you are!** (güat a sutqueis yu ar!).
• Mamarse	**To suck** (tu soc). Llevaba una mamada. **He carried a suck** (ji carrid a sock).
• Mamón	**Suckling** (soclin).
• Mamonazo	**Big suckling** (big soclin). Use también **supersuckling** (supasoclin).
• Manolo, dos con leche y uno solo	**Malone, two with milk and one alone** (Maloun tu güiz melk and uan aloun). No hay Manolos en los bares de Alabama.
• Marchando una de...	**Marching one of...** (marchin uan of...).

- Marear la perdiz — **To make the partridge sick**
(tu meik de partrich sec).

- Marica playa — **Beach queer**
(bich qüier).
Dígalo junto: bichqüier, es más natural.

- Marrón — **Brown/brownie**
(braun/brauni).
No me pases el marrón.
Don't pass me the brown
(dont pas mi de braun).

Marronazo — **Big brown**
(big braun).
¡Qué marronazo!:
What a big brown!
Alternativa: *Superbrown.*

- Más contento que un tonto con una tiza — **As happy as a silly with a chalk**
(as japi as a seli güiz a choc).

- Más chulo que un ocho — **As showy as an eight**
(as shoui as an eit).

- Más bonito que un San Luis — **As nice as a Saint Louis**
(as nais as a Seint Lúis).

Saint Louis de Missouri, por ejemplo.

- Más viejo que Carracuca

Older than Carracuca (olda dan Caracoca).
Fíjese bien en la pronunciación de Carracuca (Caracoca), como si no pasara nada.

- Más raro que un perro verde

As funny as a green dog (as fani as a grin dog).
Hay dos *funny*.
1. *Funny* = ja, ja, ja.
2. *Funny* = peculiar, raro, extraño.
Admire la profundidad de la información que ofrecemos.
Pero tampoco se fíe.

- Más largo que un día sin pan

Longer than a breadless day (longa dan a bredles dei).

- Más tonto que Abundio

Sillier than Abundio (silia dan Abondiou).
De nuevo, la pronunciación de Abundio es trascendental.

- Más vale pájaro en mano que ciento volando

Better bird in hand than a thousand flying
(beta berd in jand dan a zousan flaing).
Diez puntos si lo dice a la primera. Si lo consigue guarde los diez puntos y obtendrá un descuento especial al final de la jugada. Ahora céntrese y siga.

Me largo — **I long myself**
(ai long maiself).
O, como alternativa, diga simplemente: *Ailong*.

- ¡Me cago en la leche!

I shit on the milk!
(ai shit on da melk!).
B*ut why*?, diría cualquier inglés ante tamaño disparate. No vea lo que diría un holandés.

- ¡Me cago en la mar!

I shit on the sea!
(ai shit on da sí!).
Muy cabreado, ¿eh? ¡Ojo con Grin Pis!

- ¡Me cago en diez!

I shit on ten!
(ai shit on ten!).
Y me llevo una.

Más vale pájaro en mano que ciento volando

Better bird in hand than a thousand flying

- ¡Me cago en tu estampa! — **I shit on your print!** (ai shit on yor print!). ¡Qué descriptiva!

- Me importa un rábano — **I don't care a radish** (ai dont quer a radish).

- Me importa un pimiento — **I don't care one pepper** (ai dont quer uan pepa).

- Meter en un puño — **To put in a fist** (tu put in a fist).

- Meter un paquete — **To give a pack** (tu guiv a pack). Te voy a meter un paquete que te vas a enterar. **I'm going to give you a pack that you are going to find out** (aim goin tu guiv yu a pac dat yu ar goin tu faind aut).

- Meter la gamba — **To insert the prawn** (tu insert da praun). Se pasa el día venga a meter la gamba. **He passes the day come to insert the prawn** (ji pases de dei com tu

insert de proun).
No diga ésta si no quiere meterla.

• Meterla doblada — **To place it folded**
(tu pleis it foulded).
Francamente ordinaria.

• Mi gozo en un pozo — **My joy in a well**
(mai yoi in a güel, Manuel).
Aquí, Manuel es opcional.

Mono, monísimo — **Monkey, very monkey**
(monqui, veri monqui).
He visto un bolso monísimo.
I've seen a handbag very monkey
(aif sin a jandbag veri monki).
Frase típica de *highlander* (ver).

• Monumento — **Monument**
(moniument).
Esa tía es un monumento.
That aunt is a monument
(dat aunt is a moniument).

• Mosca cojonera — **Balls fly**
(bols flai).

N

• Nadie te ha dado vela en este entierro	**Nobody gave you a candle in this burial** (noubori gueiv ya a candel in dis burial).
• Ni flores	**Nor flowers** (nor flouers).
• Ni harto de vino	**Not even full of wine** (not iven ful of guain).
• Ni borracho de Casera	**Not even drunk with «Landlady»** (not iven dronk guiz «Landleidi»). De enorme finura.
• Ni hablar del peluquín	**Nor speak about the toupée** (nor espik abaut da tupé).
• Ni jota	**Nor J** (nor yei). No sabe ni jota. **He knows nor J** (ji nous nor yei).

• No dejar títere con cabeza	**Not to let puppet with head** (not tu let popet güiz jed).
• No hay moros en la costa	**No moors on the coast** (no muors on da coust).
• No saber de qué va la guerra	**Not to know what the war is all about** (not tu nou güat de güor is ol abaut). No se entera de qué va la guerra. **He doesn't know what the war is all about** (ji dosent nou güat da güor is ol abaut).
No dar ni palo	**Not to give a stick** (not tu guiv a estic).
• No dar ni clavo	**Not to give nail** (not to guiv neil). Macho, ¡qué vacaciones!, no di ni clavo. **Male, what a holiday!, I didn't give a nail** (meil, guat a jolidei!, ai dident guiv a neil).

- No dar ni chapa — **Not to give plate** (not to guiv pleit).

- No está el horno para bollos — **The oven is not for buns** (de ouven is not for bons).

- No pegar ni sello — **Not to stick a stamp** (not tu estic a estamp).

- No tener ni un clavel — **Not to have a carnation** (not tu jav a carneishion). No tengo un clavel. **I don't have a carnation** (ai dont jav a carneishion).

- No es más tonto porque no se entrena — **He is not sillier because he doesn't train** (ji is not silier bicos ji dosent trein). ¡Qué gran verdad!

- No tener ni una gorda — **Not to have a fat one** (not tu jav a fat uan). No tengo una gorda. **I don't have a fat one** (ai dont jav a fat uan).

- No dar pie con bola — **Not to give foot with ball** (not tu guiv fut güiz bol).

No está el horno para bollos **The oven is not for buns**

- No tener ni una perra

Not to have a bitch
(not tu jav a betch).
No tengo ni una perra gorda.
I don't even have a fat bitch
(ai dont iven jav a fat bitch).

No dar ni golpe — **Not to give a blow**
(not tu guiv a blou).
No da ni golpe, el tío.
He doesn't even give a blow, the uncle
(ji dosent iven guiv a blou, di oncle).
Prepare ésta, si se la aprende bien podrá decirla delante de su jefe sin que éste se entere.

- Aquí no hay tu tía

Here there is not your aunt
(jier der is not yor aunt).
Genuina, auténtica y a la vez inapelable.

- No vender una escoba

Not to sell a broom
(not tu sel a brum).
Salí anoche y no vendí una escoba.

I went out last night and I didn't sell a broom
(ai güent out last nait and ai dident sell a brum).
¿De qué se sorprende?

- No ver tres en un burro

Not to see three on a donkey
(not tu si zri on a donki).
Estoy que no veo tres en un burro.
I am that I don't see three on a donkey
(ai am dat ai dont si zri on a donki).

- No todo el monte es orégano

Not all the mountain is marjoram
(not ol de mountein is maryoram).
¿Qué se creía?

- No ver ni moco

Not to see even a mucus
(not tu si iven a mocus).
Versión corta:
Not to see mucus.
Versión abreviada:
NTSM
(en-ti-es-em),
para los yanquis.

• No es moco de pavo	**It is not turkey's mucus** (it is not terquis mocus). ¿Qué es entonces?
• No decir esta boca es mía	**Not to say this mouth is mine** (not tu sei dis mauz is main). Le dieron una manta de leches y no dijo esta boca es mía. **They gave him a blanket of milks and he didn't say this mouth is mine** (dei gueiv jim a blanquet of melks and ji dident sey dis mouz is main). Atrévase con ésta. ¡Campeón!
No decir ni pío	**Not to say a cheep** (not to sei a chip).
• No decir ni mu	**Not to say moo** (not tu sei mu).
• No hay mal que por bien no venga	**There is no bad that doesn't come for good** (deris nou bad dat dosent come for gud). Ésta también puede que se la pillen. Aun así,

insistimos en que su pronunciación disfraza cualquier traza de inteligibilidad. *Sorry*.

- Nos ha cagao el palomo — **The pigeon shit on us** (de pidyeon shit on us).

- Nos van a dar las uvas — **It is going to give us the grapes** (it is goin tu guiv as de greips). Ésta es fantástica y va fenómeno siempre.

O

- ¡Ostras, Pedrín! — **Oysters, Pete!** (oisters, Pit!). Antológica.

- Otro gallo cantara — **Another cock would sing** (anoda coc wud sing).

P

- Pagar a escote — **To pay low neck** (tu pei lou nec).

• Pagar a toca teja	**To pay touch tile** (tu pei toch tail).
• Pagar el pato	**To pay the duck** (tu pei de doc). Siempre tengo que pagar el pato yo. **I always have to pay the duck** (ai olgüeis jav tu pei de doc). Pues no se deje.
Pagar en carne	**To pay in flesh** (tu pei in flesh). Gran idea, ya en desuso.
• Paliza	**Beating** (biting). Es un paliza. **Is a beating** (is a biting). Dar la paliza. **To give the beating** (tu guiv de biting). Esto ya sale en otra parte, pero siempre viene bien para que no se le olvide.
• Pan con pan comida de tontos	**Bread with bread food for the silly** (bred güiz bred fud

for the sili).
Ésta se la pillan, fijo.

- ¡Para el carro! — **Stop the cart!**
(estop de cart!).
Como imponiéndose, usted ya entiende.

- Para muestra vale un botón — **A buttom for a sample**
(ei bóton for a sampl).

- Pasarse de castaño oscuro — **To pass from dark chestnut**
(tu pas from dark chestnot).

- Pasada (la) — **The passing**
(de pásin).
¡Qué pasada!
What a passing!
(güat a pasin!).

- Pasarlo bárbaro — **To pass it barbarian**
(tu pas it barbarian).
Cuanto menos, inesperada.

- Pasarlo teta — **To pass it tit**
(tu pas it tit).
Anoche lo pasamos teta.
Last night we passed it tit
(last nait güi pass it tit).

- Pasarlo pipa

To pass it pipe
(tu pass it paip).
Versión fumador.
To pass it seed
(tu pas it sid).
Versión para el que ha dejado de fumar.

- Patinarle el embrague

To skid the clutch
(tu esquid de cloch).

- Pedirle peras al olmo

To ask pears from the elm
(tu ask pears from di elm).

- Pedir cuentas al pregonero

To ask counts from the town crier
(tu ask caunts from de taun craier).
Esta frase es de enorme complicación. En primer lugar porque es larga y en segundo lugar porque ya no es fácil encontrar pregoneros.

- Pelín

Little hair
(litel jer).
Un pelín borde.
A little hair edge
(a litel jer ech).

- Pensar en las musarañas — **To think in the shrews** (tu zink in de shrus).

- Perder pluma — **To lose feather** (tu lus feder).

- Perra chica — **Little bitch** (litel bich).
  No tengo una perra chica.
  I don't have a little bitch (ai dont jav a litel bitch).

Plasta — **Lump**
(lomp).
Eres un plasta.
You are a lump
(yu ar a lomp).

- Pico — **Peak** (pic).
  Me ha costado un pico.
  It cost me a peak (it cost mi a pic).

- Pilla por la orilla — **Get it by the bank** (guet it bai de bank).
  Bank, también significa orilla de río, que nadie piense mal. Aunque sabemos que no va a ser fácil.

• Polvo	**Dust** (dost). Un buen... **A good...** (a gud...). «'nolvidable».
• Pollos contra pajaritos	**Chicken versus little birds** (chiquen versos litel berds). Te apuesto pollos contra pajaritos. **I bet you chicken versus little birds** (ai bet yu chiquen versos litel berds).
• Poner verde a alguien	**To put someone green** (tu put somuan grin). Ése pone verde a todo el mundo. **That puts everybody green** (dat puts evribari grin).
• Poner a cien	**To put at one hundred** (tu put at uan jandred).
• Ponerse morado a copas	**To put yourself purple with cups**

(tu put yorself porpel güiz cops).

- Ponerse las botas — **To put the boots**
(tu put de buts).

- Ponerse el mono — **To wear the monkey**
(tu güear de monqui).

Porra	**Club**
	(clob). ¡Vete a la porra! **Go to the club!** (gou tu de clob!). Véase cómo hemos descubierto que la porra, en inglés, es un lugar social. «'pecable». Profundísimo. «Geniá».

- Pulir o pulirse algo — **To polish**
(tu polish).
Y se pulió todo lo que tenía.
And he polished everything he had
(and ji polishd evrizing ji jad).

- Pulpo — **Octopus**
(octopos).

Q

- ¡Que te parta un rayo!

That a ray breaks you!
(dat a rey breiks you!).
Ya sabe, con el tono *a little hair* cabreao.

- ¡Qué de qué!

What of what!
(guat of guat!).
Tono entre cabreao y chulesco madrileño.
Imponiéndose.

- Que me quiten lo bailao

Let them take away my dancing
(let den teik auei mai dansing).
De nuevo, ésta es de profesional.
Si la dice con naturalidad es usted un genio.
(yu ar a yinius).

- Que lo haga Rita

Let Rita do it
(let Rita du it).
Rita la cantaora.
Rita the singer
(Rita da singa).

- Quedarse nota

I am note

(ai am nout).
Pues espabile.

- Quedarse

To remain
(tu rimein).
Estoy totalmente quedao.
I'm totally remained
(aim toutali rimeind).
¡Ánimo compañero,
que no es usted
el primero!

Quesos	Cheeses
	(chises). Tus quesos huelen mal. **Your cheeses stink** (yor chises estink).

- Quien se pica ajos come

If you pike you eat garlic
(if yu paik yu it garlic).

R

- Rajar

To split
(tu esplit).
Esa señora raja un montón.
That lady splits a pile
(dat leidi esplits a pail).
De enorme eficacia.

- Retratarse — **To photograph** (tu foutograf). Venga tío, retrátate. **Come on uncle photograph** (com on oncl foutograf).

- Reunión de pastores, oveja muerta — **Shepherds meeting, dead sheep** (sheperds miting, ded ship).

S

- Sábado sabadete, camisa limpia y polvete — **Saturday, little saturday, clean shirt and little dust** (saterdei, litel saterdei, clin shert and litel dost). ¡Otros tiempos!

- Sacar tajada — **To get slice** (tu guet eslais).

- Salir rana — **To come off frog** (tu cam of frog). Pocas tan sencillas.

- Sé dónde me aprieta el zapato — **I know where the shoe tightens** (ai nou güere da shu taitens).

Ser un piernas **To be one legs**

• Ser un pelagatos	**To be a cat peeler** (tu bi a cat piler).
• Ser un bombón	**To be a chocolate** (tu bi a chocoleit).
• Ser un turrón	**To be a nougat** (tu bi a nugat). Está como un turrón. **She is like a nougat** (shi is laik a nugat).
• Ser un bacalao	**To be a cod** (tu bi a cod).
• Ser un pinta	**To be a pint** (tu bi a paint). **To be a pint of Guinness** (tu bi a paint of Guines). Es decir, ser tan golfo que sales en el libro Guinness de los récords...
• Ser un piernas	**To be one legs** (tu bi uan legs).
• Ser más simple que el mecanismo de un cubo	**To be more simple than a bucket's mechanism** (tu bi mor sempl dan a boquets mecanisem).

• Ser un pringao	**To be a dipper** (tu bi a dipa).
• Ser de la acera de enfrente	**To be of the opposite sidewalk** (tu bi of de oposit saidgüoc).
• Ser la Biblia en verso	**To be the Bible in verse** (tu bi de Baibol in vers).
• Ser más bueno que el pan	**To be as good as bread** (tu bi as gud as bred).

Ser un feto — To be a fetus

(tu bi a fitos).

• Ser un capullo	**To be a bud** (tu bi a bod).
• Ser más marica que un palomo cojo	**To be as queer as a crippled pigeon** (tu bi as quier a cripeld pidyeon). Para decir ésta, necesita enorme dedicación. Ahora bien, ya sabe que el esfuerzo paga.
• Ser un carroza	**To be a carriage** (tu bi a carrieich).

• Ser un farolero	**To be a lamplighter** (tu bi a lampláita). Tirarse un farol. **To throw a lamp** (tu zrou a lamp).
• Ser más corto que las mangas de un chaleco	**To be as short as a waistcoat's sleeves** (tu bi as short as a güeistcouts eslivs). Ande con cuidado, ésta se la pueden pillar.
• Ser más corto que el rabo de una boina	**To be as short as a beret's tail** (tu bi as short as a berets teil). Ésta lo mismo que la anterior, pero versión paleto.
• Ser un culo de mal asiento	**To be a bad seat ass** (tu bi a bad sit as). No confundir *seat* con *shit*.
• Ser un callo	**To be a corn** (tu bi a corn).
• Ser de cajón	**To be of drawer** (tu bi of drauer). Esto es de cajón.

This is of drawer
(dis is of drauer).

- Ser un viva la virgen — **To be an up with the virgin**
(tu bi an ap güiz de virgin).

- Ser un primo — **To be a cousin**
(tu bi a cosin).

Ser un berzas — **To be a cabbage**
(to bi a cabeich).
Fulanito es un berzas.
Foolaneeto is one cabbage
(Fulanitou is uan cabeich).
¡Ojo con la pronunciación de *Foolaneeto*!
Luego no diga que no se lo hemos avisado.

- Ser un lince — **To be a lynx**
(tu bi a linx).
Menganito es un lince.
Menganeeto is one lynx
(Menganitou is uan linx).
Aquí lo mismo, atento a la pronunciación de *Menganeeto*.

- Ser un calzonazos — **To be a big pants**
(tu bi a big pants).

Es un calzonazos y un mamón.
He is a big pants and a suckling
(ji is a big pants and a socling).
No hay que pasarse, tampoco.

- Sin oficio ni beneficio — **Without craft nor profit**
(güizout craft nor profit).

- Sin arte ni parte — **Without art nor part**
(güizaut art nor part).

- Sin ton ni son — **Without ton nor sound**
(güizaut ton nor saund).
Es decir, sin tonelada ni sonido.

- Soplar — **To blow**
(tu blou).
Ese tío sopla que no veas.
This uncle blows that you don't see
(dis oncl blous dat yu dont si).

- Soplagaitas — **Pipeblower**
(paipblouer).
Úsela en Escocia.

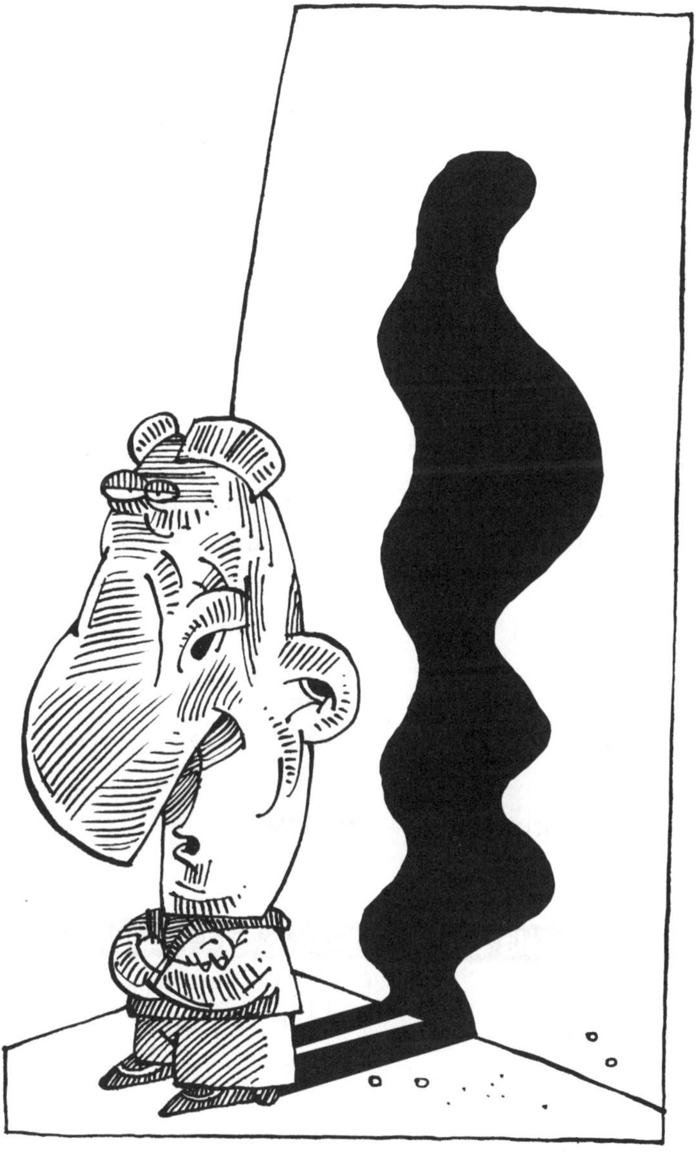

Tener mala sombra **To have bad shadow**

• Soplamocos	**Blowingmucus** (blouingmocus).
• Soplapollas	**Blowingpenis** (blouinpenis). Ésta es histórica. Hay que quitarse el sombrero.

T

• Te vas a enterar de lo que vale un peine	**You are going to know what a comb is worth** (yu ar goin to nou güat a comb is güorz).
• ¡Tela!	**Fabric!** «'mpresionante», «'nesperao».
• ¡Tela marinera!	**Sea fabric!** (si fábric!).
Tener mala uva	**To have bad grape** (tu jav bad greip). Ya sabe usted que siempre tiene *milk* como alternativa.
• Tener mala sombra	**To have bad shadow** (tu jav bad shadou).

• Tener cocodrilos en los bolsillos	**To have crocodiles in the pockets** (tu jav crócodails in de poquets).
• Tener más capas que una cebolla	**To have more layers than an onion** (tu jav mor leiyers dan an onion).
• Tener flojo el fuelle	**To have a weak blower** (ju jav a güic blouer).
• Tener ideas de bombero	**To have fireman ideas** (tu jav fairman aidias). Antológica. Por cierto, nada contra el Cuerpo.
• Tener la sartén por el mango	**To have the pan by the handle** (ju hav de pan bai de jandel).
• Tener... castañas	**To be... chestnuts** (tu bi... chestnots). Acabo de cumplir 40 castañas. **I've just turned forty chestnuts** (aiv yost ternd forti chestnots).

- Tener... tacos — **To be... pegs** (tu bi... pegs). Tengo 40 tacos. **I am forty pegs old** (ai am forti pegs ould).

- Tener manga ancha — **To have wide sleeve** (tu jav güaid esliv).

- Tener mono de... — **To have monkey of...** (tu jav monqui of...) Fácil, inolvidable.

Tener en el bote — **To have in the can** (tu jav in de can). Te tengo en el bote, mona. **I have you in the can, female monkey** (ai jav yu in de can fimeil monqui). ¡Venga ya!

- Tenerlos de corbata — **To have them as a tie** (tu jav dem as a tai).

- Teta pura — **Pure tit** (piur tit).

- ¡Tío! — **Uncle!** (oncl!).

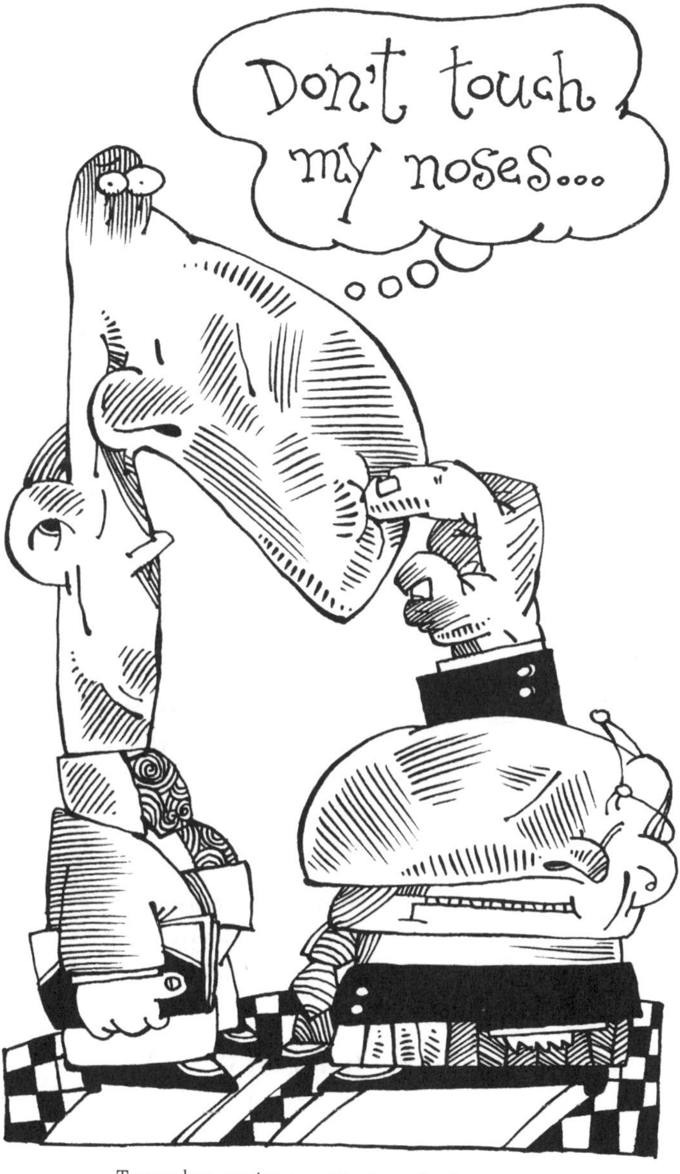

Tocar las narices **To touch the noses**

Ese tío está como un pan.
That uncle is like a bread
(dat oncl is laik a bred).

- ¡Tía! — **Auntie!**
(ounti!).
Esa tía está muy bien.
That auntie is very well
(dat ounti es veri güell).
Nótese que aquí usamos el diminutivo *auntie* en lugar de *aunt*. Y es que hay que ser creativo, leñe.

- Tigre — **Tiger**
(taiga).
Voy al tigre.
I'm going to the tiger
(am goin tu de taiga).
Dígala en la India.

- Tirar la casa por la ventana — **To throw the house by the window**
(tu zrou da jous bai de güindou).

- ¡Tírate de la moto! — **Jump off the bike!**
(yomp of the baik!).

- Tocar las narices — **To touch the noses**

(tu toch de nouses).
No me toques las narices.
Don't touch my noses
(dont toch mai nouses).

- Tontolaba

Sillybean
(silibin).
Tóojunto.

- Traer al fresco

To bring to the fresh
(tu bring tu de fresh).
Eso me trae al fresco.
That brings me to the fresh
(dat brins mi tu de fresh).

Tragar — **Swallow**
(sualou).
¡No tragues por ahí, tío!
Don't swallow by there, uncle!
(dont sualou bai der, oncl!).

- Trasconejarse

To transrabbit
(tu transrabet).
No hay palabras.

- Trompa

Horn
(jorn).
Ese tío está trompa.

That uncle is horn
(dad oncl is jorn).

• Tronco — **Trunk**
(tronc).
¡Qué pasa tronco!
What pass trunk!

• Tronqui — **Little trunk**
(litel tronc).
Aquí mi tronqui.
Here my little trunk
(jier mai litel tronc).

U

• Un kilo — **One kilo**
(uan kilou).
Un kilito.
One little kilo
(uan litel kilou).
Así de fácil.

• Un sol y sombra — **One sun and shadow**
(uan son and shadou).
Compárese la delicadeza de esta inofensiva bebida con la vulgaridad del güisqui. No hay color.

• Un tiro	**A shot** (ei shot). Ese coche es un tiro. **That car is a shot** (dat car is a shot).
• Una y no más Santo Tomás	**One and no more Saint Thomas More** (uan and nou mor Seint Tómas Mor). ¿Ve cómo aquí también rima?

V

Vacaburra	**Donkeycow**
	(donkicáo). Se puede optar también por **cowdonkey** (caodonqui). Pero, como los ingleses siempre cambian el orden de todo, recomendamos la primera.

• Vacas flacas	**Thin cows** (zin caos). Estamos en las vacas flacas. **We are in the thin cows** (güi ar in de zin caos). Vamos, un caos.

• ¡Vaya tomate!	**What a tomato!** (güat a tomeitou!). Esto hay que decirlo siempre dos veces: *Güat a tomeitou!* *Güat a tomeitou!*
• ¡Vaya potra!	**What a filly!** (güat a file!). Siempre tienes potra. **You always have filly** (yu olgüeis jav file).
• Venir al pelo	**To come to the hair** (tu come tu de jer). Me viene al pelo. **It comes to the hair** (it comes to de jer).
• Vérsele a uno el plumero	**To see the feather duster** (tu sí de feda dosta). Se te ve el plumero. **We can see your feather duster** (güi can si yor feda dusta).
• Vete a cagar a la vía	**Go to shit to the tracks** (gou to shet tu da tracs).
• Vivir como un cura	**To live like a priest**

Venir al pelo **To come to the hair**

(tu liv laik a prist).
Macho, vives como un cura.
Male, you live like a priest
(meil, you liv laik a prist).

Viruta	**Shavings**
	(sheivings).
	Virutón.
	Supershavings
	(supersheivings).
	Tener virutón.
	To have supershavings
	(tu jav supersheivings).

Y

- ¡Y mi culo un futbolín! — **And my ass a table football!**
(and mai as a teibol futbol!).

- ¡Y una mierda pinchada en un palo! — **And a shit stuck in a stick!**
(andashitestocinaestic!).
Si fue capaz de aprender eso de «supercalifragilisticoespialidoso», esto es más fácil.

- ¡Y un cuerno! — **And a horn!**
(and a jorn!).

• ¡Y un jamón! **And a ham!**
(and a jam!).

• ¡Y un huevo! **And an egg!**
(and an eg!).

Z

• Zorrón **Big fox**
(big fox).
¡Ay zorrón, zorrón!
Ah, big fox, big fox!
(a big fox, big fox!).

• «Zacabó» **The End**
(diend).

INTERNET CAÑÍ

¿Por qué? Pero, ¡por qué demonios vamos a tener que hablar de la red también en inglés! En inglés ya navegan los *marines*, los pilotos y los astronautas.

Pero no nosotros. Nosotros somos gente normal, del pueblo, de la calle, Juan Español, Paca Cañí, Jonathan Pérez... individuos sencillitos que hablamos español en los bares, en el metro, en el fútbol, en la piscina y en el hidropedal. Nadie alquila un hidropedal en Calpe diciendo: «*Excuse me mister, may I rent a waterpedal to give myself a volt with the relative, please*?» Se va al encargado y mirando así, como de refilón, se pregunta: «¿A cuánto está este año la hora?» Y contesta el señorcito: «A tres quini.» Entonces uno se da la vuelta y le dice a la parienta: «Vamos p'al toldo, Sagrario, que por tres quini a la hora te me subes a la espalda y te llevo donde quieras.»

Cogen el matiz ¿no? En cambio, sin salir de la playa, espanto de lugar, te encuentras a dos señores sentaditos en la orilla, muy serios, hablando así:

—Pues puse un *banner* con el nombre de la ferretería para animar las ventas y na de na.

—¿Pero hiciste un *link* con las herramientas?
—No, pero pensé en una *web*.
—Sí, en el fondo lo mejor es un *site*.

¡Anda ya, por Dios! Esto es ridículo.

Hay que hacer algo al respecto, no podemos ir por la vida hablando como Bill Gates (Guille Puertas), nosotros no somos americanos, somos gente latina, la tira de normal. Aquí lo que se nos da bien es la zampa, la siesta, la música, las letras (excepto las de cambio), la charla y otras muchas cosas inteligentes de toda la vida. La informática está bien, pero hay que tomársela con calma, reflexionar, adaptarla a nuestra forma de hablar, hacerla comprensible, masticable, digerible.

Por eso proponemos un código básico, una lista sencillita de nombres nuevos, pero clásicos, una forma coloquial de hablar de la red sin quedar atrapados. Ahí va, al que le guste que la use:

- Internet: **La Entrerred** Este bonito nombre aglutina dos palabras continuamente utilizadas en este argot: Entrar y Red. Impecable. Si decimos internet, ¿por qué no *interleg*?

- Web: Ya explicamos en nuestro segundo libro (*Speaking in Silver*) que *web* son realmente las iniciales de Wendoline Enríquez Benito, por tanto aquí no hay más que decir. Nombre secreto: *Gué*, o, *la gué*.

- Browser: **El Cotilla**
El que mira aquí, allá, se mete en todo, busca, ojea, curiosea.

Site: **El Solar**
Uno tiene un solar y allí construye lo que le da la gana. Pues si usted tiene un *site*, tiene un solar, y ponga allí, eso, lo que se le ponga.

- Duplex: **Doblete**
Envías y recibes. A la vez. P'acá, p'allá. Emites y captas, la cosa está clara, te estás marcando un doblete.

- Handshake: **Chócala**

¡Qué mejor forma de reconocer a alguien! ¡Choca esas cinco, tío!, le dijo un aparato a otro.

• Intranet: **Red intenna,** o mejor, simplemente «*la intenna*». O sea, que si le tienes que enviar algo a alguien por la red privada de tu empresa pues le dices: «te lo mando por la *intenna*», que es más acogedor.

• Mail Server: **El Cartero**
Si es que está claro, a ver, ¿quién es el que se ocupa de que llegue el correo, el que lo distribuye correctamente? Vamos, que nos vamos.

• WWW: **6 uves**
Evidentment. Tres uves dobles = 6 uves. Te ahorras una palabra y tiras porque te toca. Nombre realmente técnico: L*as dóblius*.

• Surfer: **El Paseante**

Mail Server: **El Cartero**

El que, tranquilamente, disfruta de un recorrido mirando por aquí, mirando por allá, ahora me paro un ratito, aquí me tomo una cañita, mira qué tienda tan chula... Un surfista es un señor (o señora) encima de una ola; actividad peligrosísima para la que hay que estar cachas y encima, como te descuides, te das un revolcón. ¡Quiá!

• Chat: **La Tertulia**
Más claro que el agua. ¿Ustedes se imaginan a un francés usando *chat* (gato)? Aquí, en cambio, decimos: «voy a *chatear* un rato». Esto es un insulto a la más pura tradición española. Aquí, *chatear* es irse de chatos, de vinos, de chiquitos. Actividad civilizada donde las haya. Lo otro es hablar en una tertulia, como los romanos, los artistas y los periodistas radiofónicos.

Otra acepción bonita y genuina: *charleta.*

Link: **El Enlace**

¡Quién no ha tenido un enlace en la mili!
¡Quién no ha tenido un enlace sindical!
¡Quién no ha hecho un enlace ferroviario en Medina del Campo!
¿No le gusta enlace porque parece muy seria?, pues utilice «*enganche*». Como el «banderín de».

• Banner: **Pancarta**

Está clarísimo. Superficie rectangular donde se escriben o dibujan cosas.
La usamos continuamente:
En el fútbol: «Van Gaal-vamos mal.»
En la fábrica: «¡Consejeros dimisión!»
En la mani: «Otan no, bases fuera, *Yanquis go home.*»
En la publicidad: «Contra el mareo pastillas Mateo.»

Pues nada, en la red todo el mundo con *banners* por aquí, *banners* por allí. Paletos somos.

• e-mail: Nada de correo electrónico, compartimos la corriente popular: un *emilio*. Si quiere confundir a un angloparlante dígale: «I *am going to send you an emily.*» Y a correr. Hablando de correr, también proponemos como sustituta de *emilio* la acepción «*correle*» que viene de *corr*eo *ele*ctrónico y está en la línea cañí de «bocata», «ejecuta», «currela», etc. Ej.: «Te mando un correle echando virutas.» «I *send you a correle throwing shavings.*»

• Hacker: **Chorizo**
Es decir alguien que entra sin permiso con el objetivo de robar o j... la marrana. En plan fino llámeles «*chorirré*», (chorizo en red).

• Wysiwyg: **Clavao**
Lo que ves es lo que tienes, o lo que recibes. Lo mismo en pantalla que en papel. Es decir, clavaíto.

• @: **A macho**
Esto no es una arroba. Una arroba es una medida de peso de poco más de once kilitos. En arrobas se habla del peso de un cerdo, *for example*. Por evidentes razones gráficas esto, @, es una a macho.

• Geek: **Colgao**
Si alguien está enamorao perdío de alguien se dice que está colgaíto ¿no? Pues los que están todo el día a vueltas con la red, enamorados, están colgaos. ¿Por qué no llamarlos *geeks*? Pues porque aquí, *geek*, no significa nada.

• Hit: **Toque**
Básicamente, lo que se dice básicamente, el número de

veces que te han tocao la
web.
¿Cuántas veces te han
tocado la *web*?
¡No me toques la *web*, no
me toques la *web*...!

LA DESMITIFICACIÓN DEL MITO

Si piensa que los actores, actrices, cantantes y otros héroes famosos made in USA o UK tienen nombres arrebatadores, desengáñese.

Después de leer las próximas líneas pensará que donde estén Rabal, Xan das Bolas, Folledo, Los Brincos y otros locales, que se quiten los demás. Palabra (*Word*).

A

• **Abbot, Bud**	Capullo Abad
• **Armstrong, Louis**	Luis Brazofuerte
• **Andrews, Julie**	Julia Andreses (o de Andrés)
• **Aerosmith**	Aerolópez (Traducción libre). Aeroherrero (Traducción cautiva).

B

• **Baker, Carol**	Carola Panadero
• **Ball, Lucille**	Lucila Pelota
• **Bates, Alan**	Alano Disputas
• **Beach Boys, The**	Los Chicos de la Playa
• **Blondie**	Rubita
• **Blood, Sweat and Tears**	Sangre, Sudor y Lágrimas
• **Boy George**	Chico Jorge
• **Brooks, Mel**	Mel (Melchor) Arroyos
• **Brown, James**	Jaime Marrón
• **Burton, Richard**	Ricardo Palanquín
• **Bond, James Bond**	Vínculo, Jaime Vínculo, o Bono, Jaime Bono.

C

• **Cash, Johnny**	Juanito al Contado
• **Chapman, John**	Juan Buhonero

• **Clay, Casius**	Casio Arcilla
• **Cliff, Jimmy**	Jaimito Acantilado
• **Cross, Cristopher**	Cristóbal Cruz
• **Cruise, Tom**	Tomás Crucero
• **Cranberries**	Arándanos (versión local: Los Pacharanes)
• **Crusaders, The**	Los Cruzados

D

• **Daisy (novia de Donald)**	Margarita
• **Day, Doris**	Doris (Dorita) Día
• **Dean, James**	Jaime Decano
• **Dire Straits**	Situación Fatal u Horribles Apuros
• **Doors, The**	Las Puertas

E

• **Eagles, The**	Las Águilas

• **Electric Light Orchestra, The**	La Orquesta Luz Eléctrica
• **Earth, Wind and Fire**	Tierra, Viento y Fuego

F

• **Farrow, Mia**	Mía Lechón
• **Fields, Sally**	Salida Campos
• **Finch, Peter**	Pedro Pinzón
• **Ford, John**	Juan Vado
• **Foreman, John**	Juan Capataz
• **Fox, Michael, J.**	Miguel J. Zorro
• **Fonda, Henry**	Enrique Fonda
• **Fuller, Samuel**	Samuel Batanero
• **Flintstones, The**	Los Pedernales

G

• **Garland, Judy**	Judit Guirnalda
• **Gump, Forrest**	Forrest Bobo

H

- **Hammer, Mike** Miguelito Martillo
- **Holden, William** Guillermo Cogido
- **Hope, Bob** Berto Esperanza
- **Hood, Robin** Petirrojo Capucha
- **Hooker, John Lee** Juan Socaire Furcia
- **Hitchcock, Alfred** Alfredo Atagallo

I

- **Irons, Jeremy** Jeremías Hierros
- **Iron Butterfly** Mariposa de Hierro

J

- **Jackson, Glenda** Glenda de Juan
- **Jackson, Michael** Miguel de Juan

L

- **Lake, Verónica** Verónica Lago
- **Laurel, Stan** Estanis Laurel

• **Lee, Cristopher**	Cristóbal Sotavento
• **Little Richard**	Pequeño Ricardo
• **Lynch, David**	David Linchar
• **Lemmon, Jack**	Juan «Limmón»
• **Lombard, Carol**	Carola Lombardo

M

• **Mature, Victor**	Víctor Maduro
• **Miles, Vera**	Vera Millas
• **Miller, Arthur**	Arturo Molinero
• **Mason, James**	Jaime Albañil
• **McQueen, Steve**	Estebitan de la Reina
• **Mickey Mouse**	Miguelito Ratón
• **Michael, George**	Jorge Miguel

N

• **Newman, Paul**	Pablo Hombrenuevo

- **Nicholson, Jack** Juan de Nicolás

O

- **Olivier, Laurence** Lorenzo Oliverio
- **Oldfield, Mike** Miguelito Campoviejo

P

- **Palmer, Robert** Roberto Palmero
- **Page, Geraldine** Gerarda Página
- **Peck, Gregory** Gregorio Celemín
- **Price, Vincent** Vicente Precio
- **Pretenders** Disimuladores o Simuladores
- **Pluto (perro)** Plutón
- **Popeye (marino)** Ojosaltón

R

- **Ray, Nicholas** Nicolás Rayo
- **Redford, Robert** Roberto Vadorrojo

• **Redgrave, Vanessa**	Vanesa Tumbarroja
• **Reed, Oliver**	Oliverio Junquillo
• **Robinson, Edward G.**	Eduardo G. de Petirrojo
• **Rogers, Ginger**	Gengibre Rogelios
• **Rocky**	Rocoso, Rocoso dos, Rocoso tres...

S

• **Sellers, Peter**	Pedro Vendedores
• **Scott, George C.**	Jorge C. Escocés
• **Supertramp**	Supervago, Superpordiosero
• **Simon, Paul**	Pablo Simón
• **Shields, Brooke**	Arroyo (pron.) Escudos
• **Shepherd, Cybill**	Sibila (pron.) Pastor
• **Stewart, James**	Jaime Estuardo
• **Stones Rolling, The**	Los Cantos Rodados

• **Swanson, Gloria**	Gloria del Cisne
• **Stack, Robert**	Roberto Pila
• **Stewart, Rod**	Caña Estuardo
• **Sting**	Picadura
• **Simple Minds**	Mentes Simples
• **Snoopy**	Fisgoncito, Curiosito

T

• **Taylor, Elizabeth**	Isabel (casi) Sastre
• **Turner, Kathleen**	Catalina Tornero
• **Turner, Tina**	Tina Tornero
• **Tom & Jerry**	Tomasito y Gerardito

U

• **U2**	«Tú también»
• **UB40**	«Tú tener 40»

V

• **Village People**	Gente de Pueblo

W

• **Who, The**	Los Quien
• **Wet, Wet, Wet**	Húmedo, Húmedo, Húmedo
• **West, Mae**	Mae Oeste
• **Winters, Shelly**	«Conchita» (trad. libre) Inviernos
• **Wonder, Stevie**	Estebitan Maravilla
• **Wood, Natalie**	Natalia Madera
• **Woodward, Joanne**	Juana Guardabosque

NO NOS GANAN DE CALLE

A partir de hoy, nunca será igual. Ya no se comprará más letreritos de calles londinenses, ni creerá más en la magia de las calles de NY. Un duro golpe...

B

• **Baker Street**	Calle del Panadero
• **Barrow Street**	Calle de la Carretilla
• **Battery Park**	Parque de la Batería
• **Beaver Street**	Calle del Castor
• **Bond Street**	Calle del Vínculo Calle del Bono
• **Broadway**	Caminoancho

C

• **Canal Street**	Calle del Canal

• **Central Park**	Parque Central
• **Chambers Street**	Calle de las Cámaras
• **Chancery Lane**	Callejón del Tribunal
• **Cheapside**	Zonabarata
• **Church Street**	Calle de la Iglesia
• **Conduit Street**	Calle del Conducto

E

• **Enbankment**	Terraplén

F

• **Fleet Street**	Calle de la Flota
• **Flint Street**	Calle del Pedernal
• **Flushing Meadows**	Prados Ruborizantes
• **Front Street**	Calle del Frente

G

• **Grove Street**	Calle de la Arboleda

H

- **Haymarket Road** Carretera del Mercado de Heno

K

- **Knightsbridge** Puentecaballeros

M

- **Marble Arch** Arco de Mármol
- **Moorgate** Puerta del Moro

O

- **Orchard Street** Calle del Huerto
- **Oxford Street** Calle de Vado del buey

P

- **Park Avenue** Avenida del Parque
- **Park Lane** Callejón del Parque
- **Pall Mall** Alameda del Palio
- **Pearl Street** Calle de la Perla

• **Perry Street**	Calle de Sidra de Peras

Q

• **Queens**	Reinas

R

• **Regent's Park**	Parque del Regente

S

• **Shepherd Market**	Mercado del Pastor
• **Sloane Square**	Plaza del Señorito (Sloane Ranger = Señorito Londinense)

T

• **Threadneedle Street**	Calle de Enhebraguja

U

• **Upper Brook Street**	Calle de Arroyoarriba

V

• **Vigo Street**	Calle de Vigo (¡¡!!)

W

- **Wards Island** Isla de los Guardias
- **Warren Street** Calle de la Madriguera
- **Whitehall** Vestibuloblanco

Pero todo tiene su compensación. ¿Sabía que la calle donde vive suena así de rimbombante en inglés? Pues lea, lea.

A

- **Arco de Cuchilleros** Cutler's Arch
- **Avenida de la Albufera** Lagoon's Avenue
- **Avenida de Entrevías** Intertracks' Avenue

C

- **Calle Alabarderos** Beefeaters Street
- **Calle Amador de los Ríos** Rivers' Lover Street
- **Calle Antonio Bienvenida** Anthony Wellcome Street

• **Calle del Arenal**	Sandy Ground Street
• **Calle Arroyomolinos**	Brookmills Street
• **Calle Barquillo**	Rolled Wafer Road
• **Calle Bravo Murillo**	Brave Littlewall Street
• **Calle Concha Espina**	Shell Thorn Street
• **Calle Cerro del Castañar**	Chestnut Grove Hill Street
• **Calle Cava Alta**	Wine-Cellar High Street
• **Calle Condesa de Venadito**	Countess of Little Deer Street
• **Calle D. Ramón de la Cruz**	Mr. Raymond of the Cross Street (antes Moncho Street)
• **Calle Huertas**	Vegetable Gardens Street
• **Calle Jardines**	Gardens Street
• **Calle Lavapiés**	Feetwasher Street
• **Calle de los Libreros**	Booksellers Street

- **Calle Mayor** Main Street
- **Calle Mesonero Romanos** Innkeeper Romans Street
- **Calle Modesto Lafuente** Modest Thefountain Street
- **Calle del Rey** King's Road
- **Calle de Serrano** Highland's Street
- **Calle de Rivera de Curtidores** Tanner's Riverside Street
- **Camino Vinateros** Vintner's Road
- **Camino Viejo de Leganés** Loch Ness Old Road (versión libre)
- **Campo del Moro** Moor's Field
- **Carretera del Batán** Fulling Mill Road
- **Colonia Caño Roto** Broken Spout Colony
- **Colonia Ciudad Pegaso** Pegasus City Colony

• **Colonia Experimental del Instituto Nacional de la Vivienda**	National Housing Institute Experimental Colony
• **Colonia del Viso**	Vantage Point Colony
• **Cuesta de San Vicente**	Saint Vincent Slope

D

• **Dehesa de la Villa**	Village Meadow

G

• **Glorieta de Embajadores**	Ambassadors Junction
• **Glorieta de Pacífico**	Pacific Junction
• **Glorieta de Cuatro Caminos**	Four Ways Junction
• **Glorieta de Puerta de Hierro**	Iron Gate Junction
• **Gran Vía**	Great Way

P

• **Parque del Oeste**	West Park

- **Parque de las Avenidas** Park of the Avenues
- **Paseo de Rosales** Rosebushes Avenue
- **Paseo de Yeserías** Plasterings Avenue
- **Paseo de la Chopera** Popler Grove Avenue
- **Paeo de las Delicias** Delights Avenue
- **Plaza de María Guerrero** Mary Warrior Square
- **Plaza de la Cebada** Barley Square
- **Plaza de las Descalzas** Barefeet's Square
- **Plaza de la Paja** Masturbation Square (traducción muy libre).
- **Pozo del Huevo** Egg's Well District
- **Pozo del Tío Raimundo** Uncle Raymond's Well District
- **Puerta del Sol** Sun's Gate

MULTINACIONALES Y MARCAS DE «RENOMBRE»

«Es una casa muy seria» o «Un establecimiento muy formal» o «Una marca de toda la vida», todo esto se decía antes de empresas y marcas que, todavía hoy, siguen siendo las primeras del mundo. Pero, ¿se ha preguntado alguna vez cuál sería la traducción o adaptación de sus nombres al español?

Para estas marcas y empresas y para usted que a lo mejor trabaja en alguna de ellas, todo nuestro respeto y admiración, se lo merecen. Pero todavía se lo merecen más otras empresas y marcas españolas como *Bobo y Pequeño, Jabón Lagarto, Chocolates Matías López, Escamas Saquito, Lejía El Herrero, Almacenes Simeón, etc.*, que tuvieron que bregar lo suyo con sus propios nombres.

A

• **Abbot Laboratories**	Laboratorios Abad
• **Adams**	Adanes

• **After Eight**	Después de las Ocho
• **American Express Card**	Tarjeta Urgente Americana
• **Apple Computers**	Ordenadores Manzana
• **Arcade**	Arcada
• **Arthur Andersen**	Arturo de Andrés

B

• **Beefeater**	Comecarne
• **Bell Company**	Compañía Campana
• **Bell's Scotch Whisky**	Güisqui Escocés de Campana
• **Black & Decker**	Negro y Solador (libre)
• **Bloomingdale's**	Delvallefloreciente
• **Boots Pharmaceuticals**	Botas Farmacéuticos
• **Bud**	Capullo
• **Bull**	Toro

Apple Computers Ordenadores Manzana

• **Business Week**	Semana de Negocios

C

• **Chemical Bank**	Banco Químico
• **Citibank**	Bancociudad
• **Crunch**	Crujido

D

• **De Beers**	De Cervezas
• **Dodge**	Regate
• **Doubleday**	Díadoble

E

• **Esquire**	Señor Don

F

• **Firestone**	Piedra de Fuego
• **Ford**	Vado
• **Fruit of the Loom**	Fruto del Telar

G

• **General Biscuits**	Galletas Generales
• **General Electric Co.**	Compañía Eléctrica General
• **General Motors**	Motores Generales
• **General Foods**	Alimentos Generales
• **Good Year**	Buen Año

H

• **Honeywell**	Pozo de Miel
• **Industrial Business Machines (IBM)**	Máquinas de Negocios Industriales (MNI)

J

• **John Smith**	Juan Herrero
• **Johnnie Walker**	Juanito Andarín
• **Johnson & Johnson**	Hijo de Juan e hijo de Juan
• **Johnson's Wax**	Cera del Hijo de Juan

L

- **Lever** Palanca
- **Logic Control** Control Lógico
- **Lucky Strike** Golpe de Suerte

M

- **Marks & Spencer** Huellas y Vela
- **Mars Bar** Chocolatina Marte
- **Microsoft** Microsuave
- **Miller Beer** Cerveza Molinero
- **Milkibar** Barralechosa
- **Mutual Cyclops** Mutua Cíclope

N

- **New York Times** Tiempos de Nueva York

O

- **Oracle** Oráculo

P

- **Pall Mall** Alameda del Palio
- **Paramount Pictures** Películas Supremas
- **Passport Scotch** Escocés Pasaporte
- **Penthouse Magazine** Revista Ático
- **Philips** Felipes
- **Pioneer** Pionero
- **Price Waterhouse** Precio Casagua
- **Prince Rackets** Raquetas Príncipe
- **Procter & Gamble** Procter y Jugada

R

- **Rover** Vagabundo

S

- **Sacks (Fifth Avenue)** «Sakos» (Quinta Avenida)
- **Seven Eleven** Siete Once
- **Seven Up** Siete Arriba

• **Shell**	Concha
• **Silk Cut**	Corte de Seda

T

• **The Famous Grouse Scotch Whisky**	Güisqui Escocés El Urogallo Famoso
• **The Gap**	El Vacío
• **The Times**	Los Tiempos
• **Timberland**	Tierramadera
• **Trans World Airlines**	Líneas Aéreas Trans Mundo

U

• **United Airlines**	Líneas Aéreas Unidas

V

• **Virgin Records**	Discos Virgen

W

• **White Label**	Etiqueta Blanca
• **Williams**	Guillermos
• **Whirlpool**	Remolino

EXPRESIONES
Y TACOS *LIGHT*

La culpa la tuvieron en USA con eso de la moda *light* inventada hace años y que no hay manera de evitarla.

Siempre hay una versión *light* de cualquier cosa, bebible, comestible o fumable. Por tanto, ya que pasan también por la boca, le proponemos recuperar los tacos y expresiones *light**. Bajos en todo, tampoco tienen colorantes ni son muy insultantes.

Un gran invento desde hace tiempo en desuso.

¡Cómo no!, también hemos pensado en una versión *ultra-light* para que usted los diga en inglés y no se prive de nada. Como un príncipe (*Laik a prins*).

A

- ¡Ahí va! **There it goes!** (deritgous!)
- ¡Anda! **Walk!** (guok!)

* Algunas expresiones ya las hemos visto antes, pero ahora las repetimos de forma más sencilla para que no se le olviden.

• ¡Atiza!	**Hit!** (jit!)
• Ajo y Agua	**Garlic and water** (garlic and guata)
• Asunto, El	**The matter** (da mata)

B

• Bemoles	**Flats** (flats)
• Berzas	**Cabbage** (cabeich)
• Berzotas	**Big Cabbage** (big cabeich)
• Bobito	**Gump** (gomp)

C

• Cabrito	**Kiddy** (quidi)
• ¡Carambolas!	**Cannons!** (canons!)
• ¡Carámbanos!	**Icicles!** (aisicols!)
• ¡Caracoles!	**Snails!** (sneils!)
• ¡Cáscaras!	**Shells!** (shels!)

• ¡Canastos!	**Baskets!** (baskets!)
• ¡Cáspita!	**Little Dandruf!** (lital dandrof!) (versión muy libre)
• ¡Chispas!	**Sparks!** (esparks!)
• ¡Corcho!	**Cork!** (cork!)
• ¡Cuernos!	**Horns!** (jorns!)

D

• ¡Demonios!	**Devils!** (devels!)
• ¡Diantre!	**Dickens!** (dequens!)

E

• ¡Estupendo!	**Stupendous!** (stiupendos!) Irreparablemente cursi

F

• Fantasma	**Phantom** (fantom)
• ¡Fenomenal!	**Phenomenal!** (finomenal!) Igual que *stupendous*

I

- Impepinable — **Unpepperable** (anpeperabol) (versión libre)
- Infumable — **Unsmokable** (onsmoukabol)

J

- ¡Joroba! — **Hump!** (jomp!)
- ¡Jorobeta! — **Little hump!** (lital jomp!)

L

- ¡Lechugas! — **Lettuces!** (letiuses!)

M

- Maleta — **Suitcase** (suitqueis)
- Marimacho — **Marymale** (merimeil) (versión libre)
- Monstruo — **Monster** (monster)

N

- ¡Narices! — **Noses!** (nouses!)

- Nones — **Nones** (nouns)
- NPI — **N.P.I.** (En Pi Ai)

O

- ¡Ostras! — **Oysters!** (oisters!)
- ¡Oh! — **Oh!** (ou!)

P

- Pendón — **Pennant** (penant)
- Petardo — **Firecracker** (faircraca)
- Piernas — **Legs** (legs)
- Pito, El — **Whistle, The** (güisel, da)
- ¡Porras! — **Clubs!** (clabs!)
- Primo — **Cousin** (cosen)

Q

- Quedón-ona — **Remainer** (rimeina)

R

- ¡Rayos! **Rays!** (reis!)
- ¡Relámpagos! **Lightnings!** (laitnins!)
- Rollo **Roll** (rol)

S

- Sonado **Sounded** (saunded)

T

- Tarado **Tared** (terd)
- Tararí **Tu-tut** (to-tot)
- Tararí que te vi **Tu-tut that I saw you** (to-tot dat ai sou yu)
- Total **Total** (toutal)
- Tronco **Trunk** (tronc)
- ¡Truenos! **Thunders!** (zonders!)
- Tururú **Too-roo-roo** (tururú)

V

- ¡Viva! **Alive!** (alaiv!)
- Vaina **Pod** (pod)

Z

- Zorri **Foxy** (foxi)